AMAR UM POUCO, MUITO... LOUCAMENTE?

Jovem pensador

Anissa Castel

Ilustrações de Christelle Enault

Tradução de Daniel Knight

AMAR UM POUCO, MUITO... LOUCAMENTE?

EDITORA ALAÚDE

Título original: *Aimer un peu, beaucoup... à la folie?*

O texto deste livro foi fixado conforme o acordo ortográfico vigente no Brasil desde 1º de janeiro de 2009.

PRODUÇÃO EDITORIAL: EDITORA ALAÚDE
Preparação: Grazielle Gomes da Veiga
Revisão: Claudia Gomes, Alexandra Fonseca

EDIÇÃO ORIGINAL: GALLIMARD JEUNESSE
Projeto gráfico: Néjib Belhadj Kacem

Impressão e acabamento: Bartira Gráfica

1º edição, 2014

Impresso no Brasil

CIP-BRASIL.
Catalogação na publicação Sindicato Nacional dos Editores de Livros, RJ

C343a

Castel, Anissa
Amar um pouco, muito... loucamente? / Anissa Castel ; ilustrações Christelle Enault ; tradução Daniel Knight. - 1. ed. - São Paulo : Alaúde, 2014.
88 p. : il. ; 20 cm. (Jovem Pensador)
Tradução de: Aimer un peu, beaucoup... à la folie?

Inclui índice
ISBN 978-85-7881-237-9

1. Amor - Filosofia. I. Título. II. Série.

14-08739

CDD: 128.46
CDU: 177.61

2014
Alaúde Editorial Ltda.
Rua Hildebrando Thomaz de Carvalho, 60
04012-120, São Paulo, SP
Tel.: (11) 5572-9474
www.alaude.com.br

Para Fanny e Romain

Para Lila

Sumário

Por que ficamos tão *blasés* quando se fala de amor? Mal saímos da infância e já estamos acostumados a ouvir ou repetir sem parar a expressão "eu te amo". Essa declaração, que parece se destinar apenas a um(a) eleito(a) ou aos entes mais próximos, em ocasiões especiais ou de intimidade, pode ser escutada por toda parte, entre pais e filhos, maridos e mulheres, e corre o risco de não significar nada além de uma saudação como "beijos" ou "até logo". O que quer dizer "eu te amo"? Essas palavras possuem um significado próprio, que pode resistir ao desgaste e à ferrugem? Elas ainda querem dizer alguma coisa depois de terem sido usadas a torto e a direito, ditas a qualquer um, por tantas vezes?

blasé
Palavra francesa que designa alguém entediado (sinceramente ou por afetação) com coisas pelas quais a maioria das pessoas demonstra interesse

Se deixarmos de lado as declarações de amor para refletirmos sobre as representações desse sentimento, também encontraremos motivos para inquietação. “Cair de amores”, “amor à primeira vista”, “o amor é cego”, “ficar louco de amor” são apenas algumas expressões escolhidas ao acaso... Aliás, por que amar, se “não se pode amar e ser feliz ao mesmo tempo”?, como dizem por aí... O amor costuma ter má reputação entre pessoas que já não têm mais idade para acreditar em contos de fadas. É tido como uma doença contra a qual, na falta de vacina (mas onde está a ciência?), é melhor se proteger para “não perder o juízo” e evitar ter o “rabo preso”. Aproveitar os prazeres? Sim. Cultivar a amizade? Sim (nada pior do que ser um excluído). Ter um(a) namorado(a) com quem compartilhar prazeres e amigos, projetos e obrigações, investimentos e retornos, como se a relação fosse uma pequena empresa administrada em comum acordo? Sim. Mas Amor com “A” maiúsculo, ou, pior ainda, paixão, com tudo que o termo sugere de passividade e transbordamento de emoções? Não, obrigado!

investimento
Energia depositada em uma relação ou atividade, assim como se investe dinheiro, de maneira a obter um retorno

Amor com “A” maiúsculo

O que é amar com “A” maiúsculo? O amor – aquele que causa medo ou que parece loucura – toma como objeto exclusivo uma pessoa que preferimos a todas as outras e que apreciamos mais que tudo. Assim, mesmo que nunca saibamos o que quer dizer a expressão “eu te amo”, sentimos que ela significa muito mais do que “eu me sinto bem quando estou com você” e que se relaciona a alguém, não a uma coisa.

Nesse sentido, o Amor toma como objeto a unicidade da pessoa: não apenas suas qualidades, mesmo que façam diferença, mas o simples fato de que é àquela pessoa que atribuímos tais qualidades. Está em jogo bem mais do que uma preferência:

unicidade
Qualidade do que é único dentro do seu gênero. Uma pessoa não é “uma” somente em número, uma entre outras: ela é insubstituível, pois ninguém mais é idêntico a ela

Raymond Queneau
(1903-1976)
Escritor e poeta francês, autor de *Zazie no metrô* e *Exercícios de estilo*

SOBRE O USO DAS PALAVRAS: É POSSÍVEL AMAR QUEIJO, MAS NÃO SE DIZ "EU TE AMO" A UM QUEIJO.

Raymond Queneau

uma eleição. Antigamente, referia-se ao objeto de amor pela expressão "o(a) eleito(a) do meu coração". Mas, então, qual é a diferença do amor em relação à amizade? Amamos um amigo, ou nosso melhor amigo, porque ele é ele, único e insubstituível, sem nos importarmos com suas qualidades e defeitos. Nós nos sentimos bem ao lado dele. Podemos lembrar as famosas palavras de Montaigne para explicar sua amizade por La Boétie: "Porque era ele. Porque era eu." Isso é tudo. E não há o que responder. Se o amor é acusado de ser louco, ou de provocar a loucura, é porque ele proporciona mais do que uma escolha, mas também a possibilidade de uma ligação duradoura, até mesmo indissolúvel, entre dois seres.

Michel de Montaigne (1533-1592) Escritor e filósofo francês, autor de *Ensaios*

Étienne de La Boétie (1530-1563) Escritor e filósofo francês (*Discurso da servidão voluntária*) e colega de Montaigne no parlamento de Bordeaux

indissolúvel Aquilo que não se pode dissolver ou desfazer

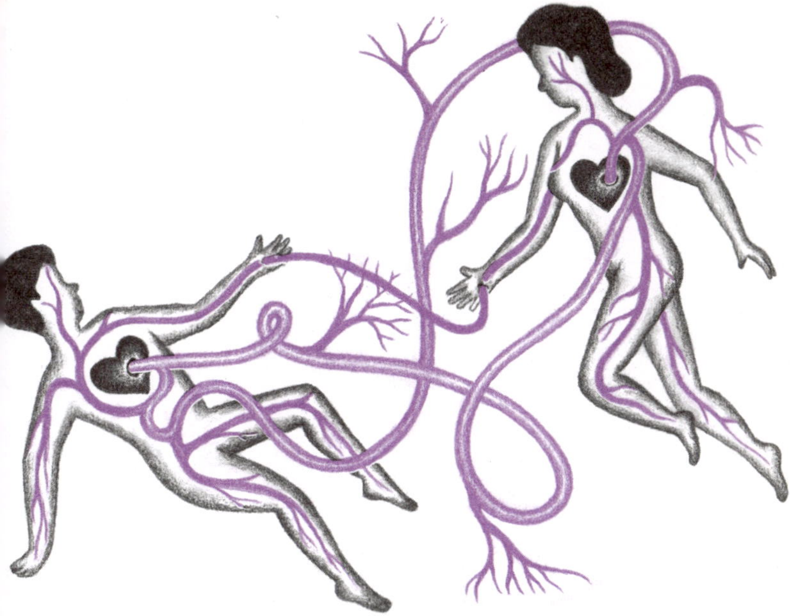

No fim das contas, ninguém "cai" de amizade (tal expressão não faria sentido). Mas há quem caia de amores como outros caem doentes (os mesmos, talvez?). "O amor é como a febre", diz Stendhal, com razão, "porque nasce e se extingue sem que a

Stendhal (1783-1842) Romancista francês, autor de *O vermelho e o negro* e *A cartuxa de Parma*. Ele também escreveu um belo ensaio chamado *Do amor*

ATIRA-SE UM RAMO DESFOLHADO PELO INVERNO NAS PROFUNDEZAS ABANDONADAS DE UMA MINA DE SAL; DOIS OU TRÊS MESES DEPOIS, ELE É RETIRADO COBERTO DE CRISTAIS BRILHANTES [...]; NÃO SE RECONHECE NELE O VELHO GALHO.

O QUE CHAMO DE "CRISTALIZAÇÃO" É A OPERAÇÃO PELA QUAL O ESPÍRITO, DIANTE DE CADA CIRCUNSTÂNCIA, ATRIBUI AO OBJETO AMADO NOVOS INDÍCIOS DE PERFEIÇÃO.

Stendhal

vontade se manifeste". O que acontece quando alguém se apaixona? Um dia encontramos alguém que nos encanta e nos deslumbra. Dizemos: que sorte ter encontrado essa pessoa! Passamos a ter esperança. Aí está o amor. Então, começamos a encontrar qualidades sempre novas no amado; enquanto o amor dura, tal processo não chega ao fim, e passamos de uma descoberta a outra. Stendhal se referia a isso como "cristalização", por se assemelhar ao que acontece com um simples galho de árvore que, ao ser lançado em uma mina de sal, se transforma pouco a pouco em um ramo coberto de cristais, como se fossem pequenos diamantes.

Se deixarmos um apaixonado meditar sobre seu amor por vinte e quatro horas, acontecerá o seguinte:

a alguém que não é nada demais para você, mas que aos olhos dele é impressionante, serão atribuídas todas as qualidades possíveis e imagináveis. Para dizer a verdade, o apaixonado não domina o surgimento ou o desaparecimento do que lhe envolve, e o que lhe atormenta não é uma simples emoção. Pois, se amar é cristalizar, esse sentimento bastante único provoca ao mesmo tempo a idealização do que se ama e uma vigilância tão aguda, tão obsessiva, tão constante ao outro, que faz sobressair perfeições reais, mas ocultas a quem não presta a devida atenção. Há uma mistura surpreendente de lucidez (os olhos do amor, longe de serem cegos, enxergam o invisível) e delírio (seus olhos embelezam o comum até torná-lo

idealizar
Embelezar uma pessoa ou coisa, atribuir-lhe uma perfeição que parece não existir

extraordinário). Assim, o amor não depende de nós, mas, na medida em que faz parte dos domínios do intelecto, nós o alimentamos e não conseguimos pensar em outra coisa: de certa forma, o amor está em nós sem nós, e, ao mesmo tempo, modifica nossa visão de tudo, como se nos fizesse usar óculos que distorcem a imagem e nos deixam com um parafuso solto. E já que "é suficiente pensar na perfeição para vê-la em quem se ama", afirma mais uma vez Stendhal, quanto mais se pensa, mais se acumulam motivos para amar.

A reflexão sobre o amor louco leva a outras perguntas. É aceitável idealizar alguém que não nos pede tanto em troca e esperar tudo dessa pessoa, mesmo que seja questionável que um único ser humano possa ser a causa exclusiva da felicidade de outro? O que a gente ama quando ama? Não há algo de ilusório ou delirante no ato de concentrar todos os desejos em um único objeto, em detrimento dos outros, sob o risco de limitar o vasto campo de coisas interessantes e prazerosas da vida?

Admitindo que exista amor louco, a questão ganha novo fôlego: a loucura é sempre ruim, sem exceção? O amor não leva ao amadurecimento na medida em que revela que somos capazes de agir de forma desinteressada, em vez de avaliar prós e contras o tempo todo, e também capazes de doar o que ignoramos possuir? Não se trataria de um "delírio divino", como disse Platão, já que, através de uma experiência única, somos afastados das coisas sensíveis,

Platão (c. 427-348 a.C.) Filósofo grego que escreveu diálogos, entre os quais *O banquete* e *Fedro*, que falam essencialmente sobre o amor

QUANDO DIZEMOS QUE ALGUÉM AMA ALGUMA COISA, SIGNIFICA – SE A PALAVRA ESTIVER CORRETA – QUE A PESSOA AMA NÃO APENAS UMA PARTE, MAS O CONJUNTO DAQUELA COISA. [...] SE OS DESEJOS, PORÉM, SE CONCENTRAM EM UM ÚNICO ASPECTO, SABEMOS, NÃO É MESMO?, QUE OS DEMAIS PERDEM FORÇA, E A CORRENTE SE DESVIA INTEIRA NAQUELA DIREÇÃO.

Platão

que percebemos como reais ou materiais, para nos aproximarmos daquilo que realmente importa (o que chamamos de bom ou divino), e, talvez, não seja visível? Enfim, o fato de amar não envolve uma dimensão ativa, que consiste em uma fonte de alegria, e uma dimensão passiva, que vem acompanhada pela tristeza? A arte de amar se resumiria, portanto, em reduzir nossa dependência e aumentar nosso potencial de forma a perseverar em nosso ser, mas sem deixar de encontrar mil e um motivos para se alegrar com a existência do outro...

O que a gente ama quando ama?

Quer se trate de uma amizade perfeita, como a de Montaigne e La Boétie, quer se trate do Amor, ocorre uma espécie de loucura para "eleger" o objeto da afeição, para colocá-lo acima de tudo, para atribuir a ele um valor acima de todos os valores e para manter um envolvimento incondicional: porque é ele, porque é ela! Em sua origem, a palavra "razão" estava relacionada à ideia de cálculo, de medida. Cada um deve fazer a sua parte: eu faço isso se você fizer aquilo; eu obedeço à injunção X se você respeitar a regra Y; eu aceito a situação se nós dividirmos a responsabilidade... A troco de que amaríamos alguém

injunção
Ordem expressa e formal, comando, imposição

sem qualquer condição, não importa o que diga, o que faça, o que nos traga de bom ou de ruim? À primeira vista, parece absurdo. Apesar disso, não é assim que a maioria das crianças foi amada pelos pais desde o nascimento, e, às vezes, até antes, já na gestação? Nós nos sentiríamos

amados se esse afeto dependesse dos nossos esforços e fosse proporcional ao nosso mérito? Se fôssemos repudiados por fazer uma grande besteira? Se uma série de erros significasse que não valemos mais nada? Tudo isso também seria absurdo.

reciprocidade
Qualidade do que é mútuo, do que se manifesta de igual modo entre duas pessoas ou grupos

Molière
(1622-1673)
Dramaturgo e ator francês, autor de *O doente imaginário* e *Escola de mulheres*

É arriscado amar uma pessoa como ela é, sem pedir nada em troca. Pode ser que o desapontamento, a traição e a ingratidão estejam por perto. Quem sabe? Mas provavelmente vale a pena amar desse modo. Claro, sempre há os malandros ou os magoados, que se recusam a apostar no amor sem alguma garantia. Eles reivindicam uma espécie de contrato de exclusividade, sem outra condição além de uma reciprocidade perfeita: você será tudo para mim se, e apenas se, eu for tudo para você. É o plano adotado pelo protagonista da peça *O misantropo,* de Molière. Ao se arriscar pouco e exigir demais em troca por medo de dar mais do que viria a receber, Alceste transforma o amor em tirania, em opressão, e se afunda na amargura.

Ora, quando se trata de amor, é impossível que haja um "contrato": faz-se promessas e juramentos, mas de forma livre. Uma promessa sempre deixa aberta a possibilidade de não ser cumprida, enquanto regras criam obrigações. Um juramento ou uma promessa pede um comprometimento diferente do que pede um contrato. Não cumprir uma promessa nem sempre é errado; por outro lado, não respeitar um contrato sempre é.

Amar é apostar. Apostamos que o outro é "amável" sem poder explicar o que há de tão "amável" nele, mas sentimos, de modo intuitivo, que essa coisa inexplicável não se reduz a características objetivas. Se eu amasse uma pessoa somente porque ela é bonita e porque os

PORQUE NÃO QUERES,
EM LAÇO TÃO DOCE,

BUSCAR TUDO EM MIM,
COMO BUSCO EM TI,

VÁ, EU TE REJEITO,
E QUE ESTE SINGELO ULTRAJE

DOS TEUS INDIGNOS GRILHÕES
PARA SEMPRE ME LIBERTE.

Molière

traços do seu rosto me agradam, eu não amaria de fato a pessoa, e sim a beleza que vem dela (ou a beleza, independentemente dela), já que um acidente, uma crise de acne ou mesmo um novo corte de cabelo dissiparia meu sentimento da noite para o dia. As características físicas por si só não explicam o amor que se experimenta por uma pessoa, um indivíduo especial. Por outro lado, as características intelectuais ou morais do ser amado também não explicam esse sentimento. Se eu amasse uma pessoa por causa de seu senso de humor, eu fugiria dela assim que um infortúnio lhe roubasse a alegria. Aqueles que nos abandonam nos momentos difíceis deixam a impressão de que não nos amavam, e de que, para eles, ocupávamos um lugar que qualquer um poderia ter preenchido. Como se todos fôssemos substituíveis. Ninguém seria "o(a) eleito(a) do coração"; faltariam coração e eleição, sem dúvida, e o amor não teria nada a ver com isso. Ao longo da vida e da história, a experiência nos mostra como o envolvimento é um fenômeno complexo, que nunca tem origem em um conjunto de "bons motivos" para amar. De acordo com Pascal, na verdade, amar alguém por causa de suas qualidades não é, de fato, amar, pois é possível que uma pessoa perca suas qualidades – que não são a pessoa em si, embora façam parte de sua essência – sem deixar de ser ela mesma.

Blaise Pascal (1623-1662) Sábio e filósofo francês, autor de *Pensamentos*

Ao mesmo tempo, não é que as qualidades, apesar de não serem a

QUEM AMA ALGUÉM POR CAUSA DA BELEZA O AMA REALMENTE? NÃO, POIS A VARÍOLA, QUE MATA A BELEZA SEM MATAR A PESSOA, FARÁ COM QUE ELE A DEIXE DE AMAR. E QUEM ME AMA PELA MINHA OPINIÃO, PELA MINHA MEMÓRIA, *ME AMA* MESMO? NÃO, POIS POSSO PERDER TAIS QUALIDADES SEM PERDER A MIM MESMO. ONDE ESTARIA ENTÃO O *EU*, JÁ QUE NÃO ESTÁ NO CORPO NEM NA ALMA? E COMO AMAR O CORPO OU A ALMA A NÃO SER POR SUAS QUALIDADES, QUE NÃO SÃO DE FORMA ALGUMA O QUE COMPÕE O EU, JÁ QUE SÃO EFÊMERAS?

Pascal

causa do amor, não pesem nada nessa eleição do afeto: algumas são essenciais, outras complementares. Por exemplo, pode ser essencial que Sócrates seja filósofo pois ele se define dessa forma, isso o diferencia. Mas é complementar que ele seja barbudo, pois isso não é o que o distingue, o que lhe é próprio. É possível saber quem é Sócrates em essência se sua qualidade de filósofo for deixada de lado? É possível amá-lo independentemente de sua qualidade de filósofo? Em outras palavras, se eu detesto filosofia, como poderia amar Sócrates? Resta saber, então, como descobrir o que é essencial. Já constatamos que o que amamos no outro não é a soma das suas qualidades. Mas, se uma adição não resolve o caso, é certo que

Sócrates
(470-399 a.C.)
Primeiro filósofo grego

próprio
Algo específico a alguém, que é específico àquele indivíduo

uma subtração não será a saída. O que se ama não é a essência ou a substância da pessoa, aquilo que encontramos após despi-la de todas as suas qualidades, da mesma forma que uma *stripper* tira suas roupas. Em um *striptease*, seja do corpo ou da alma, queremos que aquilo que sobra seja a verdade "nua" do que o outro é, livre de todos os adereços e

substância
Em filosofia, designa aquilo que existe em si e por si, o que constitui a realidade permanente. Usado como sinônimo da essência definida como realidade permanente, em oposição aos acidentes

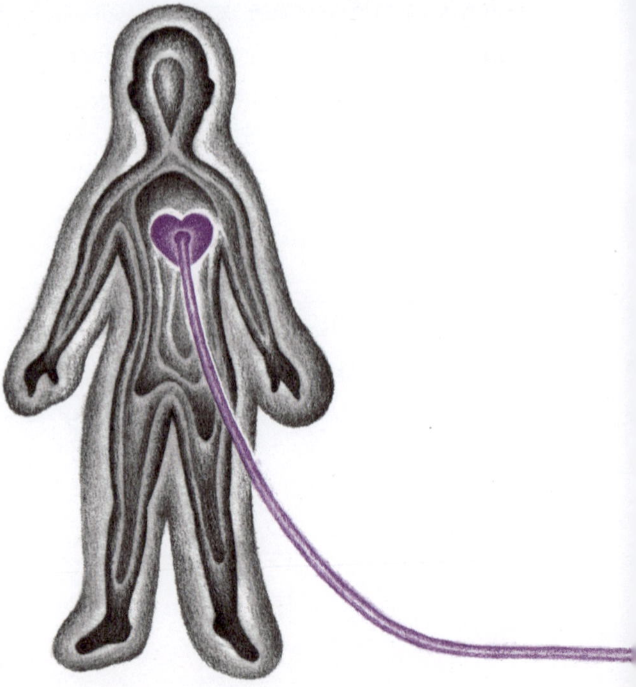

triunfos que lhe pertencem, mas *não* fazem parte dele.

Ora, conhecer é uma coisa, amar é outra. Ao separar as qualidades, é possível, por meio de uma análise interior, conhecer a substância, aquilo que há de estável sob as qualidades mutáveis que vão e vêm: aquilo que sobra quando tiramos os adereços. Vamos supor que eu consiga isolar o ser das aparências e que o objeto do meu amor se revele em toda a sua pureza e abstração... Afinal, será que eu conseguiria amar esse objeto que finalmente conheci tal como ele é? Quem cairia de amores pela substância de um ser, inde-

pendentemente de qualquer qualidade? O que nos impressiona é uma atitude, um olhar, um sorriso, e não uma entidade abstrata. "É impossível e seria injusto", escreve Pascal, que tira daí uma conclusão desesperadora: "Não amamos pessoa alguma, apenas suas qualidades. Portanto, é melhor parar de debochar daqueles que se fazem" amar pelo dinheiro, pelo poder, pela beleza ou pela influência; é isso que nós amamos através do outro, nunca o que ele é no fundo de si. Pois de duas, uma: ou não temos acesso àquela coisa "inexplicável" e substancial, ou, se temos acesso ao que há "no fundo" de alguém, não há nada ali que faria nosso coração disparar.

Quer dizer que é impossível amar alguém? Pelo menos é o que afirma

Pascal e todos aqueles que, como ele, dizem que amar uma criatura tão imperfeita quanto o ser humano é um erro ou uma loucura: não há amor sensato, a não ser o que se dirige a um ser perfeito, sem defeitos, sem qualidades perecíveis. Apenas Deus, se é que ele existe, é objeto de amor.

Delírio divino ou amor louco?

inteligível
Aquilo que só pode ser apreendido pelo intelecto, e não pelos sentidos

Dois caminhos se abrem agora. O primeiro consiste em dizer que amar alguém é sempre loucura, que o outro não "merece" porque é humano e, portanto, imperfeito – o que levará, mais dia menos dia, ao desamor. Na Antiguidade, Platão já fazia menção à jornada que nos leva do amor terreno ao amor de um Bem inteligível, abstrato (o qual, como Deus, é uma realidade perfeita). Ele afirmava que o único objeto de amor que poderia nos satisfazer plenamente está além daquilo que se sente, além do mundo material. Somos elevados, pouco a pouco, do sensível ao inteligível, do concreto ao abstrato, do que tem um corpo ao que não tem um corpo: a princípio, somos

atraídos por um belo corpo quando nos apaixonamos; em seguida dizemos que, em geral, os belos corpos são dignos de amor por serem belos; depois nos convencemos de que o que é belo não é tanto o corpo, mas sim a alma da pessoa que tem aquele belo corpo, e as almas em geral; isso nos faz passar do amor por aquilo que há de belo nos homens ao amor às boas ações, às belezas abstratas; por fim, descobrimos que é o Belo em si (ou o Belo inteligível) que é digno de ser amado, pois tudo o que é belo no mundo terreno não passa de uma determinação, um aspecto, um reflexo dessa ideia de Belo. Platão não diz que apenas um Deus merece o amor, mas, como Pascal, ele vê no amor por alguém como você ou eu uma loucura que deve ser superada, uma experiência que pode nos conduzir a amar em outro lugar, mais e de outra maneira: a ciência, a arte, as ideias... Mas Pascal denuncia tal loucura, enquanto Platão a defende. Segundo ele, na verdade, os maiores bens são trazidos por essa loucura apaixonada, que é, de certa maneira, um dom dos deuses. Ela pode nos fazer felizes e nos ensinar a viver. O amor é um delírio divino sem o qual a existência seria triste e desinteressante. O desejo de saber começa no amor, e aquele que não ama também não amará o saber. Ele deixará de conhecer o amor pela matemática ou pela filosofia se, a princípio, não amar os prazeres terrenos. O amor se engana, pois, quando amamos, não amamos o outro em si, como imaginamos, mas, através dele, amamos uma perfeição que ele não possui. O amor é louco porque acreditamos que o outro nos é indispensável e que o amaremos para sempre, enquanto, na verdade, não passa de uma etapa da existência. O(a) eleito(a) é uma ilusão, mas, no fim das contas, uma ilusão que faz bem, pois o amor expande os horizontes.

Existe outro caminho ou outro modo de pensar o amor, menos sublime, mas mais otimista e mais humano. Ele se baseia na experiência e parte da hipótese de que a pessoa amada não é como "uma árvore que sozinha ofusca toda a floresta", nem uma etapa a ser superada no curso da vida, mas um fim em si, um destino: nós a amamos porque ela constitui um todo único e insubstituível

– com defeitos e qualidades, prós e contras –, mas não fazemos um inventário para decidir se vamos amar ou não. É pelo "todo" que somos atraídos, mesmo sem saber direito como e por quê. Ao cristalizar, temos a intuição de alguma coisa única, de uma tonalidade particular que nos abala, como se escutássemos o som primitivo de um instrumento. Pois a cristalização não é apenas idealização, é também revelação da singularidade, do que só acontece uma vez. Cada ser vivo é único, mesmo que não consideremos apenas o DNA. Para as crianças, costuma ser uma revelação entender que existiram e ainda existirão bilhões de homens sobre a Terra, mas que existe apenas um único exemplar de cada um. Mais tarde, por causa da vida cotidiana, tendemos a esquecer isso. Mas, quando amamos alguém de verdade, nos damos conta da sorte que temos em encontrar essa pessoa específica em um mundo tão vasto. Até a reciprocidade do sentimento, amar e ser amado, parece um milagre.

Dessa forma, a unicidade é a base do vínculo: não amo um conjunto de qualidades nem uma essência obtida pela eliminação dessas qualidades; não, amo uma pessoa simplesmente porque ela é ela (e também porque eu sou eu). Ao lado dela, não me sinto apenas "bem". Vamos dizer, para sermos mais precisos, que "alguma coisa acontece no meu coração", uma coisa indefinível que se experimenta com todo o sentimento: uma verdadeira *relação*, em toda a força da palavra, que dá uma nova dimensão à existência. É por isso que ninguém (nem os amigos nem a família) consegue entender o que se passa em um relacionamento amoroso. "Mas o que você viu nele?",

CONTO DE FADAS

ERAM MUITAS VEZES
UM HOMEM QUE AMAVA UMA MULHER
ERAM MUITAS VEZES
UMA MULHER QUE AMAVA UM HOMEM
ERAM MUITAS VEZES
UMA MULHER E UM HOMEM
QUE NÃO AMAVAM QUEM OS AMAVA

ERA UMA VEZ
UMA ÚNICA VEZ, TALVEZ
UM HOMEM E UMA MULHER
[QUE SE AMAVAM

Robert Desnos

as pessoas dizem. Vai saber... Como alguém de fora pode fazer a menor ideia se mesmo de dentro não chegamos a encontrar uma razão? Experimentamos, com a maior profundidade, uma ligação muito forte com a pessoa amada. Mas o que compreendemos, com certeza e por intuição, não se demonstra de modo objetivo. Sabemos que não estamos malucos, uma vez que, de fato, a pessoa amada nos provoca "alguma coisa", mas não temos palavras para dar nome a essa coisa, e menos ainda para analisá-la ou explicá-la. É possível, portanto, falar de amor louco porque ele é incondicional, como muitas vezes é o amor dos pais pelos filhos, mas também porque ele não aceita nenhuma lógica que o solucione ou justifique.

Robert Desnos
(1900-1945)
Poeta surrealista francês

Sem motivo, sem garantia, o sentimento é vivido como um presente dos céus, e não como um meio para atingir outra coisa: o amor louco não "serve" para nada.

Amor e paixão

O amor perde intensidade. Nesse sentido, é preciso fazer a distinção entre uma vida com riscos, mas muito mais alegre, e uma existência abalada pela inquietação constante; em poucas palavras, entre o amor e a paixão. Não apostar em ninguém equivale a renunciar ao amor. Mas talvez fosse melhor não amar do que se lançar "de cabeça", como se costuma dizer, sem impor limites. Há alguma maneira boa de amar – sem sofrimento?

Ao nos dedicarmos a alguém, não fazemos isso "a troco de nada", embora não tenhamos outra coisa em vista. Arriscamos porque a dedicação nos traz algo. No fundo, cada um de nós talvez sinta que não foi feito para ficar sozinho nem para se perder na multidão. Manter laços privilegiados com alguém especial nos enriquece pois não é, por assim dizer, nem oito nem oitenta: sob o olhar do outro, descobrimos aspectos da nossa própria personalidade que ignoraríamos de outra forma, às vezes até nos dispomos a mudar sob a influência de alguém de confiança cuja opinião nos importa. Mas a condição é que tal influência não seja invasiva e que o laço que nos une não seja uma algema.

O amor difere da paixão em grau (ama-se mais ou menos) e em natureza (ama-se isto *e* aquilo, não isto *ou* aquilo). O verbo "amar" indica uma ação de intensidade variável: eu te amo um pouco, muito, com paixão, loucamente, não te amo

nem um pouco. Trata-se de um sentimento que me conduz na direção de outra pessoa para fazer alguma coisa por ela ou com ela. Se eu amo alguém, tenho vontade de vê-lo, de compartilhar momentos ou atividades com o meu amor. A presença dessa pessoa me proporciona alegria, chego a sentir prazer mesmo quando estamos separados, pois posso me contentar com sua imagem. Nesse sentido, o amor é sempre feliz, pois o(a) eleito(a) é uma causa externa de alegria.

Só no amor a existência do outro é uma coisa boa. Na paixão, tudo é diferente, pois essa forma de amor remete mais a um estado do que a uma ação: "estar apaixonado" ou em estado de paixão exige exclusividade e passividade. Na paixão, me sinto

Baruch Espinosa (1632-1677) Filósofo holandês, autor de *Ética*, em que reflete sobre as paixões

O AMOR NÃO É OUTRA COISA SENÃO ALEGRIA ACOMPANHADA PELA IDEIA DE UMA CAUSA EXTERIOR; O ÓDIO NÃO É OUTRA COISA SENÃO TRISTEZA ACOMPANHADA PELA IDEIA DE UMA CAUSA EXTERIOR. PODEMOS VER, ALÉM DISSO, QUE QUEM AMA NECESSARIAMENTE SE ESFORÇA PARA CONSERVAR E TER POR PERTO AQUILO QUE AMA; AO CONTRÁRIO, QUEM ODEIA SE ESFORÇA PARA DESCARTAR E DESTRUIR A COISA QUE ODEIA.

Espinosa

dependente de uma realidade externa, sobre a qual não tenho controle, não mais que sobre o sentimento que experimento e que me domina. Se amo alguém com paixão, tenho medo de perdê-lo: o que seria de mim sem ele? A ausência do outro me angustia, é insuportável, pois parece que toda a minha felicidade depende dele, e que, caso o perca, perderei tudo. Essa forma de amor é dolorosa e nos faz sentir incapazes na maior parte do tempo. Por isso, Espinosa a coloca entre as paixões tristes, junto com o ódio e a inveja (achar que a grama do vizinho sempre é mais verde). É irracional porque me faz infeliz e impede que eu me concentre no meu próprio ser.

paixões tristes Nome dado por Espinosa ao que experimentamos passivamente e que diminui nosso sentimento de existência plena. As paixões alegres, ao contrário, aumentam nossa força para agir

Mas, então, não é a paixão que se enquadra como loucura, já que nos força à submissão e restringe nosso campo de interesses e de relações? Não é melhor fazer o elogio do amor dinâmico e saudável e denunciar a paixão mutiladora? Não é tão simples, pois sempre há uma parte de paixão no amor que sentimos por alguém, já que o sentimento nasce de uma causa exterior. Amar a filosofia não está na mesma categoria que amar um colega de classe: para pensar, não há necessidade de quase

nada nem ninguém, o pensador é autossuficiente, mas o afeto por alguém sempre me torna dependente de outra pessoa. Assim, o amor por alguém não é uma disposição completamente ativa nem tristemente passiva, mas uma paixão alegre (paixão porque nos tornamos um pouco dependentes; alegre pois a alegria provocada pela existência do outro supera a tristeza causada pela dependência). Esse equilíbrio delicado e precário põe em jogo tudo que o relacionamento envolve. Em uma

paixão alegre, mantemos a iniciativa, não encaramos o que acontece como punição, fatalidade ou acidente. A união e a evolução do relacionamento (que não dependem apenas da nossa ação, mas, em parte, vêm de fora) são encaradas com prazer. É por isso que, quando amamos, temos a sensação de receber alguma coisa. Esse é o ponto mais importante para entender a diferença entre uma paixão alegre, que está ao lado do amor ativo, e uma paixão triste, situação na qual tudo parece um vício.

Amar é aceitar não ter o controle sobre tudo, é renunciar ao sonho da onipotência sem ficar em abstinência como um viciado. Deixamos que as coisas aconteçam pois nos parece que, ao darmos amor a alguém, estamos dando algo que já recebemos antes, o milagre do encontro, talvez – qualquer coisa que se passe, por assim dizer, fora da relação que mantemos com nós mesmos e com o outro.

onipotência
Poder absoluto, extremo, total

Uma arte de amar?

De Platão a Kant, uma quantidade enorme de filósofos tentou encontrar um lugar para a paixão amorosa, mas com algumas condições: fazer dela uma paixão alegre, por exemplo. Encontrar um lugar, sim. Mas qual? Como não se deixar devorar pela paixão? Como, por outro lado, não ignorar o sentido que ela dá à existência?

Para os filósofos, quando o amor pensa, a loucura está sob controle. Refletir é o antídoto contra o que nos tira do eixo. A primeira regra de uma arte de amar seria não se deixar levar pelos impulsos, mas, em vez disso, refletir sobre o que está em jogo. Não é possível deixar de sentir ódio ou amor, mas podemos

Immanuel Kant (1724-1804) Filósofo alemão que refletiu sobre as paixões em obras sobre a educação ou os fundamentos da moral

impulso Energia fundamental que leva a executar uma ação e faz com que o organismo ambicione o cumprimento de uma meta

nos controlar. Na verdade, os impulsos é que são cegos, não o amor. Para Kant, de fato, a paixão, assim como a razão, é própria do homem e comprova que somos seres constituídos por desejo, e não apenas por obrigações. Ao contrário dos animais, não seguimos apenas nosso instinto. Amar é complexo, portanto, já que não é apenas impulsivo: o desejo se atrela a imagens, esperanças e medos derivados de uma longa história pessoal, própria a cada um. Apenas um ser dotado de razão é capaz de amar, de se perguntar "como?", "por quê?" e "até que ponto?", de dizer "sim" ao que anseia e "não" ao que não quer, e de eleger um ser entre todos os outros possíveis. O ditado "um perdido, dez encontrados" talvez sirva

desejo
Consciência de certa pretensão para um objeto conhecido ou imaginado; essa pretensão que nunca chega a um fim e se renova o tempo todo: quando desejo a presença de alguém, a presença dessa pessoa não anula o desejo

instinto
Ímpeto que remete à parte inata e hereditária das tendências comportamentais, que é bastante parecida em todos os indivíduos, diferentemente dos impulsos, que têm um contexto único que varia de acordo com cada um

para animais, mas não para pessoas. Para um macho, qualquer fêmea disponível serve; para um ser pensante, o outro se mostra não como um exemplar da espécie, mas como alguém único e insubstituível; nesse sentido, se amar não é razoável, ao menos é racional.

Se há um lado bom nas paixões alegres, está justamente no fato de nos conduzir a pensar. A paixão nos eleva acima das feras, pois não para de acionar nossa razão. E a razão, por sua vez, modifica o que havia de passivo em nós e lança luz sobre o afeto que sentimos, tornando-o, portanto, mais ativo.

Descartes conta que, quando era criança, amava uma menina da mesma idade "que tinha um olho caído", como ele diz em linguagem

razoável
Que dá mostra de bom senso ou de alguma sabedoria

racional
Que é fundado sobre a razão e manifesta a presença de tal faculdade

René Descartes
(1596-1650)
Filósofo francês, autor de *As paixões da alma*. Explicou sua atração pela "menina de olho caído" em sua *Carta a Chanut* (6 de junho de 1647)

A PAIXÃO É O FATOR QUE IMPEDE A RAZÃO DE ESTABELECER COMPARATIVOS PARA FAZER UMA ESCOLHA. [...] ELA ESTÁ, PORTANTO, SEMPRE ASSOCIADA À RAZÃO; E NÃO SE PODE ATRIBUIR PAIXÕES A SIMPLES ANIMAIS, APENAS A PUROS SERES RACIONAIS.

Kant

do século XVII, o que quer dizer que ela era estrábica. Ora, a paixão por ela era tão inseparável dessa pequena imperfeição que "muito tempo depois", diz ele, "ao ver pessoas estrábicas, eu me sentia inclinado a gostar mais delas que das outras, apenas por causa dessa imperfeição; entretanto, não me dava conta de que era por isso". Não saber resulta em passividade: algo do qual não temos consciência (no caso de Descartes, o estrabismo) "escolhe" os objetos de amor para nós e nos incentiva a amar um tipo de pessoa em vez de uma pessoa específica. Mas, assim que Descartes percebeu a causa de sua atração e entendeu que o estrabismo não é, em si mesmo, digno de amor, deixou de se comover por ele. E suas inclinações, mais racionais na medida em que ele havia compreendido essa causa, se revelaram mais razoáveis, pois a atração costuma se dissipar quando tomamos consciência de que ela se apoia em um engano.

Erradicar as paixões parece impossível, no mínimo muito difícil. O máximo que se pode esperar é tirar delas o melhor, tentar compreendê-las para se deixar dominar o mínimo possível, a fim de sempre se posicionar e agir em vez de se render diante dos impulsos, pois a grande pergunta é: "eu quero o que desejo?" É no intervalo entre o desejo que nos assola e o que decidimos fazer com ele, depois de refletir, que reside todo o poder que temos sobre nós

erradicar
Arrancar pela raiz, eliminar algo indesejável

mesmos. Não decidimos amar alguém. Mas decidimos ver essa pessoa, falar com ela; decidimos fortalecer uma relação ou rompê-la por várias razões que encontramos ao pensar sobre o assunto. Em relação aos impulsos, a inteligência parece o melhor recurso: compreender é mais fácil do que erradicar. Além do mais, o "ótimo negócio" que faríamos ao eliminar a paixão no que ela tem de exclusivo correria o risco de

nos deixar com um grande vazio. Hegel, em uma evocação romântica do amor, gostava de lembrar que a exclusividade do objeto cria um mundo inteiro: paradoxalmente, amo um único ser, mas é o mundo inteiro que me surge sob uma perspectiva diferente porque vejo a vida com outros olhos.

O amor faz, sim, com que tudo fique mais colorido. A arte de amar, tomada não como propôs Ovídio – um manual de sedução ou um conjunto de regras para conquistar o outro e conservá-lo –, mas como a resolução firme e constante de injetar um pouco de razão e muita reflexão no caos dos impulsos, é o que está ao alcance da maioria de nós. Para tanto, é preciso admitir

Georg Wilhelm Friedrich Hegel (1770-1831) Filósofo alemão que analisou o amor próprio à arte romântica em *Estética*

Ovídio (43 a.C.-18 d.C.) Poeta latino, autor de *A arte de amar*

QUEM AMA NÃO VIVE E NÃO EXISTE POR SI MESMO NEM PENSA POR SI, MAS ENCONTRA NO OUTRO AS RAZÕES PARA EXISTIR, AO DESFRUTAR DE SI MESMO NESSE OUTRO. É TUDO ISSO QUE CONFERE AO AMOR SEU CARÁTER DE INFINIDADE. E A BELEZA DEVE SER BUSCADA PRINCIPALMENTE NO FATO DE QUE ESSE SENTIMENTO [...] ATRAI TUDO PARA SUA ÓRBITA E DESTACA ASSIM O VALOR DAQUILO QUE, ATÉ ENTÃO, ERA EXTERNO.

Hegel

que privar-se do amor para assim evitar os excessos e as decepções seria tão absurdo quanto arrancar os olhos para se prevenir da miopia ou da conjuntivite!

Os acasos do amor

O amor tem um pouco de mistério e muito de acaso. Para que um amor dure, nenhuma estratégia é suficiente: é preciso ter sorte, talvez se possa dizer que é preciso ser agraciado. A parte do mistério diz respeito a se envolver com um ser único: "Uma pessoa faz falta e tudo fica fora do lugar", dizia Lamartine. Como a existência de uma pessoa pode nos parecer necessária ao ponto de que tudo perca a cor e o gosto se ela vier a nos faltar? Para responder a essa pergunta, que resiste à compreensão racional, alguns mitos criaram justificativas imaginárias. Em *O banquete*, de Platão, o personagem Aristófanes conta que, antigamente, os homens

Alphonse de Lamartine (1790-1869) Poeta romântico e político francês, autor de *Meditações poéticas*

eram muito diferentes do que somos hoje. Eram seres completos e autossuficientes, de forma esférica, com quatro braços, quatro pernas e dois rostos na mesma cabeça. Muito orgulhosos de sua força e de sua independência, pretenderam desafiar os deuses e escalar o monte Olimpo. Zeus queria punir esse intolerável atrevimento sem, no entanto, aniquilar a raça humana, e teve a ideia de parti-los ao meio para enfraquecê-los. Desde então, os homens andam sobre duas pernas, têm apenas um rosto e um coração, e buscam a parte que lhes falta para recompor a unidade perdida, o todo que formavam antes. Assim, o amor seria a expressão dessa perda e a causa de nossa finitude: fomos privados de metade de nós mesmos, de modo que apenas uma única outra metade "se encaixa" perfeitamente na nossa metade. Existe, portanto, um caso, e apenas um, no qual desejo e amor são sinônimos perfeitos, no qual a sexualidade e os sentimentos coincidem, no qual desejar e querer têm o mesmo fim.

finitude
Qualidade do que é limitado, como a existência humana, que é marcada pela consciência da morte

Bem, essa não passa de uma boa história, mas mostra quanto há de aleatório no amor: não só o encontro do(a) eleito(a), como também o fato de amar a pessoa com quem se faz amor e a reciprocidade dos sentimentos. A vida sexual e a vida amorosa não andam sempre juntas. Amar a pessoa que se deseja, e vice-versa, não depende de nós. Quando acontece, é por sorte, e é um milagre quando aquele que ama é amado da mesma maneira como ele ama. Por que o envolvimento haveria de ser recíproco? Se não há reciprocidade alguma, a infelicidade decorrente pode comprometer, para não dizer anular, a ligação. Se a reciprocidade é total, o acaso sabe mesmo o que faz. Se um dos dois ama mais que o outro, é menos mágico, mas não é nenhuma tragédia, pois frequentemente, com o passar do tempo, o papel de quem ama mais se reveza entre os dois e a história se constrói assim, cada um sendo mais amado ou amando mais em determinado momento. O que é certo é que muitas coisas não dependem de nós: nem a razão nem a vontade têm poder de decisão sobre o amor; não

influenciam a duração mais do que o surgimento ou o desaparecimento dele. As faculdades do intelecto são ajudantes indispensáveis e aliados úteis, mas não podem fazer muito.

Não é "loucura" se envolver com os outros se o fizermos com conhecimento de causa e tivermos consciência dos nossos limites e dos do outro, além das limitações próprias

do amor. O amor é sempre frágil, precário, incerto, mas tanto ou mais precioso. Os gregos da Antiguidade comparavam os laços que nos ligam uns aos outros a um tecido. Os fios verticais do tecido formam o que se costuma chamar de corrente; eles se cruzam com os outros fios e constituem a trama. É no cruzamento do que podemos dar com o que os outros podem nos oferecer que tecemos nossos amores. No jogo da trama e da corrente se constrói a continuidade dos relacionamentos. Às vezes, tudo se enrosca e nós ficamos presos. Talvez seja preciso usar uma tesoura para desfazer os nós do tecido e continuar de outra forma. Na maioria das vezes, damos um jeito de refazer os nós, assim como Penélope, que desfazia sempre a

Penélope
Na mitologia grega, esposa de Ulisses, personagem da *Odisseia*, de Homero; tecia uma tapeçaria de dia e a desmanchava à noite, pois prometera aceitar um pretendente assim que ela ficasse pronta

O AMOR COSTUMA PREGAR PEÇAS, COSTUMA MACHUCAR E TRAZER INFELICIDADE; MAS NÓS AMAMOS E, QUANDO NOS VEMOS COM O PÉ NA COVA, OLHAMOS PARA TRÁS E DIZEMOS: SOFRI, ME ENGANEI VEZ OU OUTRA, MAS AMEI. FUI EU QUE VIVI, NÃO UM SER ARTIFICIAL CRIADO PELO ORGULHO E PELO TÉDIO.

Musset

mesma tapeçaria para então refazê-la ou como o amante por natureza, cujo "destino", segundo Stendhal, parece se resumir à "bela condição da hera, que morre se ficar sozinha".

Alfred de Musset (1810-1857)
Poeta e dramaturgo francês, autor de *Lorenzaccio* e *A confissão de um filho do século*

Índice

Este índice reagrupa, em ordem alfabética, os nomes próprios e as palavras cujo sentido foi explicado nos balões coloridos dispostos à margem do texto. Os números remetem às páginas.

Sobre a autora

Anissa Castel é filósofa e professora de filosofia. Já traduziu diálogos do filósofo grego Platão para o francês, publicou artigos sobre filosofia antiga e escreveu vários livros sobre o tema para crianças e adolescentes.

Sobre a ilustradora

Christelle Enault estudou estilismo de moda e design gráfico. Desde então, tem realizado trabalhados para a imprensa e editoras francesas.